¿Pulpo o calamar?

Un libro de comparaciones y contrastes

por AnnMarie Lisi

Los pulpos y calamares no tienen columnas vertebrales como nosotros. Estos son invertebrados.

Viven en agua salada y se pueden encontrar desde en arrecifes corales hasta en hábitats de aguas profundas, tanto en aguas tropicales como en aguas templadas.

Los pulpos tienen ocho patas
cubiertas por ventosas.

Los calamares tienen ocho patas
y dos tentáculos largos cubiertos
por ventosas y ganchos.

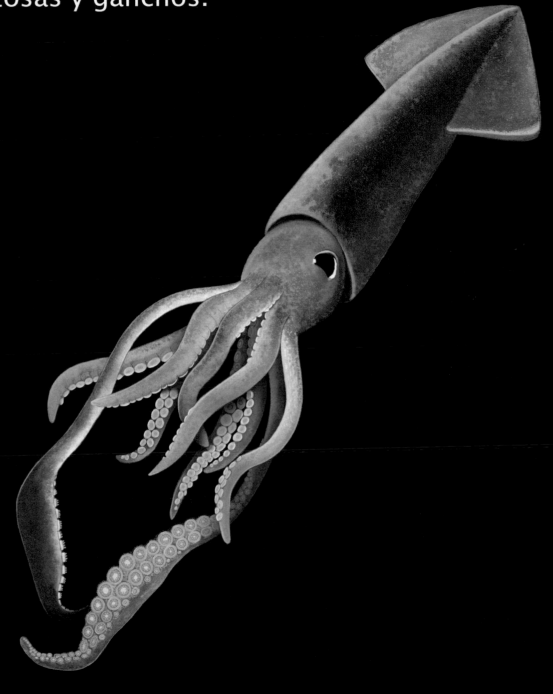

Los pulpos tienen cuerpos pequeños, llamados mantos, además de cabezas inmensas.

Los calamares tienen mantos largos con espinas y cabezas pequeñas con forma de triángulo.

Las patas fuertes de los pulpos les permiten "caminar" sobre el suelo marino. Pueden usar sus patas para sostener y mover objetos.

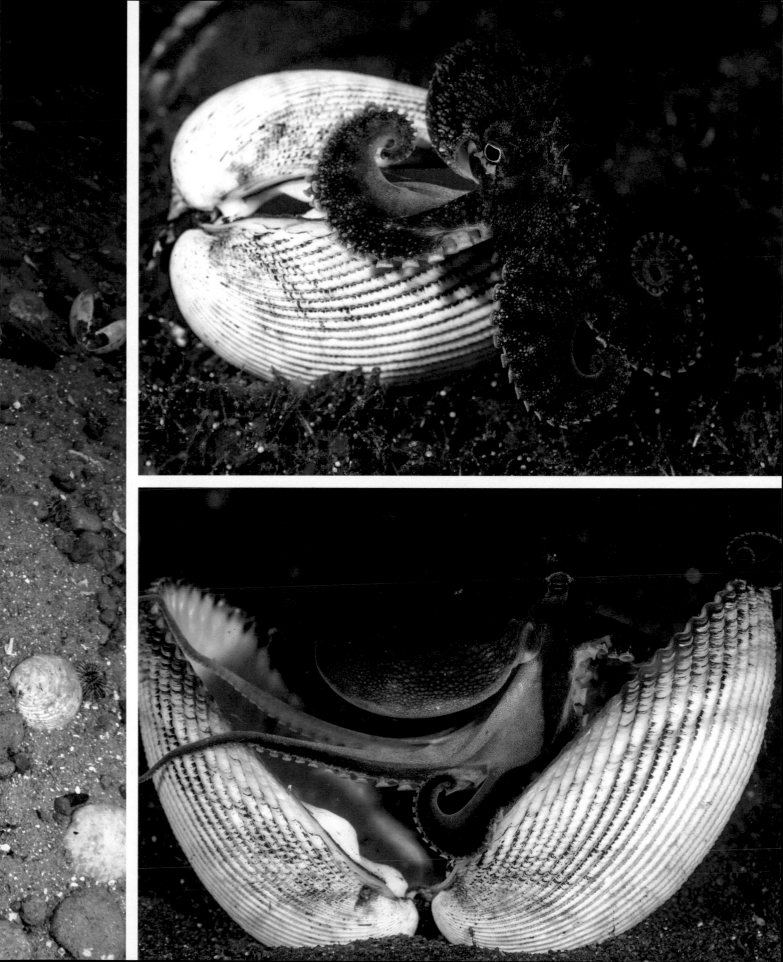

Ambos tienen bocas en el medio de sus patas. Las bocas tienen una estructura parecida a un pico para triturar y rasgar sus alimentos.

Todos los pulpos y algunos calamares usan veneno para matar a sus presas. El veneno del pulpo de anillos azules es perjudicial para los humanos.

Los calamares y pulpos pueden nadar al succionar agua dentro de sus mantos y expulsándola con un sifón.

Tienen ojos grandes y complejos. Los científicos piensan que ellos "ven" colores en formas en las que no puede ningún otro animal.

Los pulpos tienen pupilas en forma de rectángulo. Los calamares tienen pupilas redondas.

Los pulpos y calamares tienen células de la piel especiales que cambian el color y la textura de su piel para lucir como objetos de su hábitat.

¡Esta es una excelente forma para esconderse de depredadores y para sorprender a las presas!

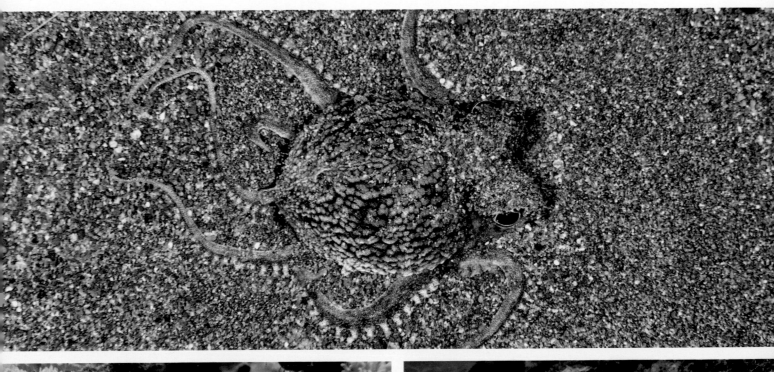

El pulpo mimo ha sido avistado cambiando su color y textura para parecerse o imitar a otros animales.

Los pulpos generalmente son animales solitarios que viven en o cerca del suelo del océano, escondiéndose en cuevas y grietas.

Los calamares viven solos o en grupos.
Estos nadan en aguas abiertas.

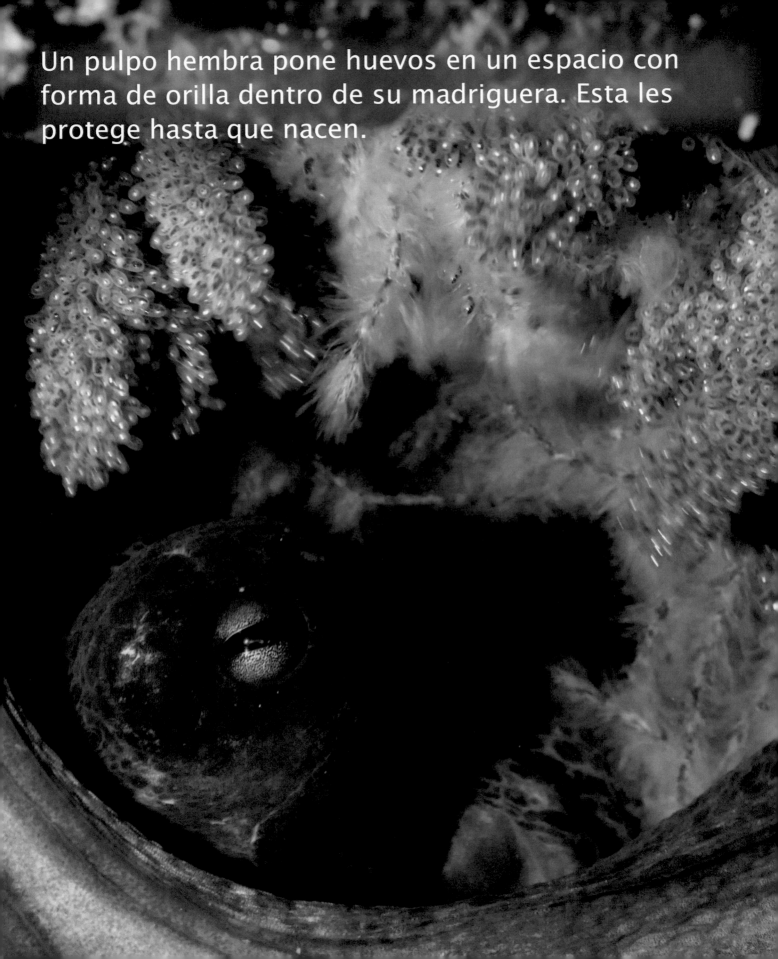

Un pulpo hembra pone huevos en un espacio con forma de orilla dentro de su madriguera. Esta les protege hasta que nacen.

Los calamares hembras adhieren los huevos a cosas y se va nadando.

Cuando se asustan, los pulpos y calamares disparan tinta de sus sifones hacia el agua para protegerse. La nube de agua con tinta confunde a sus depredadores y les da tiempo para escapar.

Hay alrededor de 300 especies de pulpos.

El más grande es el pulpo gigante del Pacífico. Puede medir unos 16 pies (más de 4 metros) de longitud y pesar unas 100 libras (45 kilogramos).

¿Cuál es tu altura y cuánto pesas?

También hay alrededor de 300 especies de calamares, con tamaños que van desde 1 pulgada (2.5 centímetros) hasta los 43 pies (13 metros) de largo.

Para las mentes creativas

Cefalópodos

Animales como los peces, aves, reptiles, anfibios y mamíferos tienen todos columnas vertebrales, y a estos se les llama vertebrados. Los animales que no tienen columnas vertebrales son invertebrados. Los insectos y moluscos son invertebrados. Existen casi

100.000 tipos de moluscos, incluyendo los caracoles y las babosas. Algunos moluscos marinos que puedes reconocer son las almejas, ostras y vieiras.

Los pulpos y calamares pertenecen a un grupo de moluscos marinos llamados cefalópodos, lo que significa "cabeza-pie". ¡Sus patas están pegadas a sus cabezas! Otros cefalópodos incluyen a los chipirones y nautilos.

Los pulpos tienen ocho patas. Los calamares y chipirones tienen una combinación de diez patas y tentáculos. Los nautilos tienen hasta 90 patas sin ventosas, pero cuentan con estrías pegajosas para agarrar a sus presas.

pulpo

calamar

chipirondes

nautilos

Datos divertidos

Los pulpos y calamares comen carne (carnívoros). Atrapan presas con sus patas (o tentáculos). Usan sus ventosas para determinar si el animal sabe a algo que deberían comer o no. En caso positivo, llevan a la presa a su boca y usan sus picos fuertes para rasgar la carne en pedazos pequeños y comer.

Las presas de los pulpos son los cangrejos, langostas, caracoles y otros crustáceos.

Los calamares comen peces y camarones.

Los picos de los calamares son tan fuertes que algunas veces son encontrados sin digerir en el estómago de sus depredadores.

Los pulpos y calamares tienen corazones y sangre azul. Respiran oxigeno del agua a través de branquias.

Las patas de los pulpos y calamares pueden volver a crecer en caso de perder alguna, pero los tentáculos no.

Algunos tipos de calamares pueden nadar hasta 25 millas por hora (40 km) en ráfagas cortas.

Al compararse con el tamaño de su cuerpo, el ojo de un calamar es bastante grande. ¡El ojo de un calamar gigante es más o menos del mismo tamaño que una pelota de fútbol!

Los pulpos son extremadamente listos. Se han llegado a "escapar" de sus exhibiciones y acuarios para andar por los alrededores.

Al no tener huesos, pueden estrecharse para pasar por agujeros pequeños y pueden usar sus ventosas para escalar en diferentes direcciones.

Algunos zoológicos y acuarios colocan moquetas o césped artificial alrededor de las exhibiciones porque las ventosas no pueden sostenerse en ese tipo de materiales.

¿Quién soy?

Usando la información que aprendiste en este libro, trata de identificar los siguientes animales.

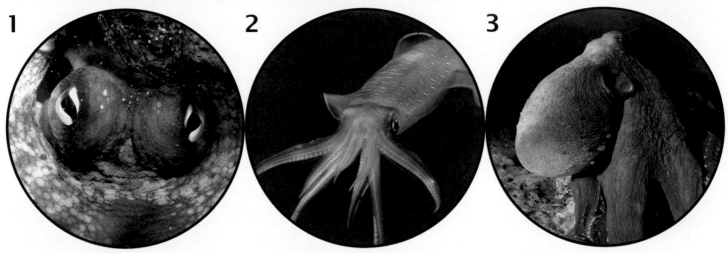

1 Tengo pupilas rectangulares.

2 Tengo ocho patas y dos tentáculos.

3 Expulso agua por mi sifón para ayudarme a nadar.

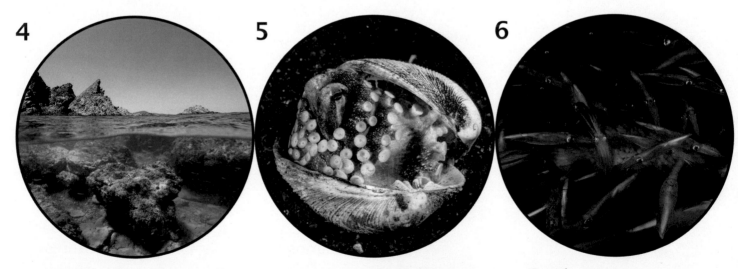

4 Vivo en aguas saladas de climas cálidos o templados.

5 A veces camino sobre mis patas. También puedo sostener y mover cosas con mis patas. Incluso puedo mover conchas y rocas para construir una madriguera.

6 Puedo vivir en grupos grandes.

Pulpo: 1-Pupilas rectangulares, 5-Patas
Calamar: 2-8 patas y 2 tentáculos, 6-Grupos grandes
Ambos: 3-Sifón, 4-Hábitat de agua salada

Empareja las adaptaciones

Une la fotografía con su descripción.

1

A

Los pulpos y calamares sueltan nubes de tinta negra para confundir a sus depredadores y presas. La tinta evita que los depredadores los vean cuando nadan para escaparse.

2

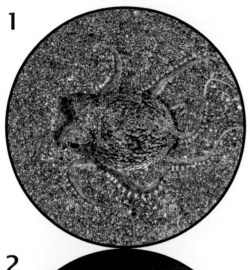

B

Los pulpos y calamares cambiar el color y la textura de su piel a modo de camuflaje. Esto les ayuda a mantenerse a salvo de los depredadores. También les permite esconderse de presas que quieren atrapar para alimentarse.

3

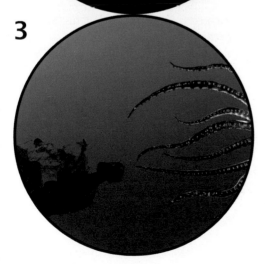

C

Los calamares tienen mantos largos con aletas que los ayudan a moverse a través del agua.

1-B; 2-C, 3-A

Quiero dedicar este libro a mis dos hijas, Madelyn y Ella. Espero que siempre sean curiosas, que aprecien la naturaleza y que hagan del medioambiente un mejor lugar para todos—AML

Gracias a Sarena Randall Gill, PhD, educadora medioambiental y miembro de la junta de la Asociación Nacional para la Interpretación por verificar la información presente en este libro.

Gracias al South Carolina Aquarium por el uso de la fotografía que muestra la espalda de un pulpo. Todas las demás fotografías son licenciadas mediante Adobe Stock Photos.

Library of Congress Cataloging-in-Publication Data

Names: Lisi, AnnMarie, 1985- author.
Title: ¿Pulpo o calamar? : un libro de comparaciones y contrastes / por
    AnnMarie Lisi.
Other titles: Octopus or squid? Spanish
Description: Mt. Pleasant, SC : Arbordale Publishing, [2023] | Series:
    Compare and Contrast | Translation of: Octopus or squid? | Includes
    bibliographical references.
Identifiers: LCCN 2022050426 (print) | LCCN 2022050427 (ebook) | ISBN
    9781638172666 (paperback) | ISBN 9781638170051 (interactive
    dual-language, read along) | ISBN 9781638172840 (epub read along) | ISBN
    9781638172789 (PDF basic)
Subjects: LCSH: Octopuses--Juvenile literature. | Squids--Juvenile
    literature.
Classification: LCC QL430.3.O2 L5718 2023 (print) | LCC QL430.3.O2
    (ebook) | DDC 594/.56--dc23/eng/20221110

English title: *Octopus or Squid? A Compare and Contrast Book*
English paperback ISBN: 9781643519869
English ePub ISBN: 9781638170433
English PDF ebook ISBN: 9781638170242
Dual-language read-along available online at www.fathomreads.com

Spanish Lexile® Level: 800L

Bibliography

Bradford, Alina. "Octopus Facts." Live Science, Live Science, 8 June 2017, www.livescience.com/55478-octopus-facts.html.
"Cephalopods." Smithsonian Ocean, 18 Dec. 2018, ocean.si.edu/ocean-life/invertebrates/cephalopods.
"Facts about Squids - Squid Facts and Information." Squid-World.com, 2013, www.squid-world.com/facts-about-squids/.
"The ABCs of Cephalopods with Conservation Biologist Samantha Cheng." Www.youtube.com, www.youtube.
    com/watch?v=EaOnTOhj-NU.
"Top 15 Facts about Squids - Vision, Shapes, Features & More." Facts.net, 8 Sept. 2017, facts.net/nature/
    animals/squid-facts/.
Wood, James B. "Octopus, Squid, Cuttlefish, and Nautilus - the Cephalopod Page." Thecephalopodpage.org,
    thecephalopodpage.org/.
Zielinski, Sarah. "Fourteen Fun Facts about Squid, Octopuses and Other Cephalopods." Smithsonian Magazine,
    www.smithsonianmag.com/science-nature/fourteen-fun-facts-about-squid-octopuses-and-other-
    cephalopods-45444510/#:~:text=Here%20are%2014%20fun%20and%20random%20facts%20ol.

Elaborado en los EEUU
Este producto se ajusta al CPSIA 2008

Arbordale Publishing
Mt. Pleasant, SC 29464
www.ArbordalePublishing.com